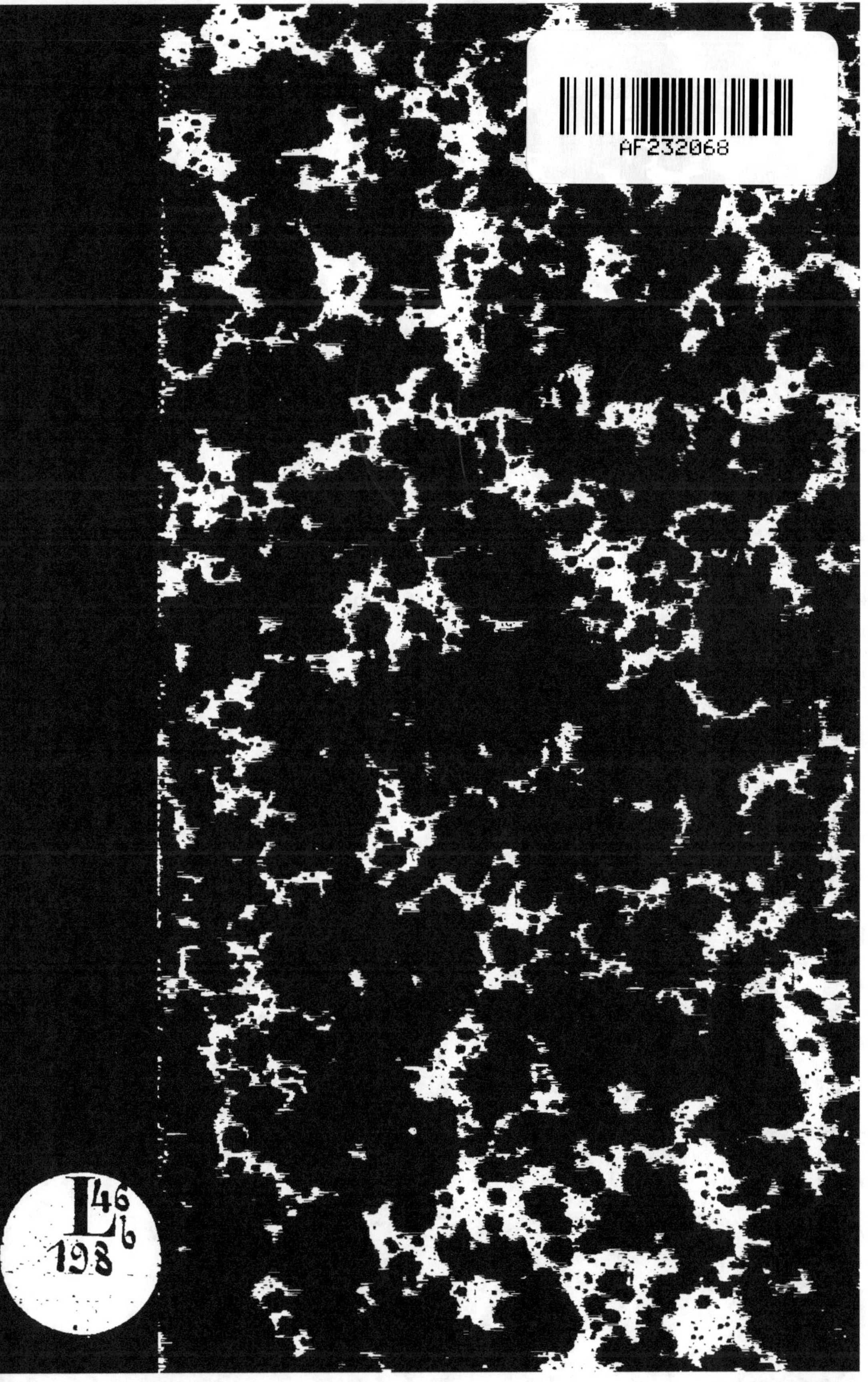
AF232068

46
Lb 198.

CONSIDÉRATIONS

POLITIQUES

SUR LES

OPÉRATIONS DU CONGRÈS

DE VIENNE,

ET SUR LA PAIX DE L'EUROPE;

Impartialité et justice.

PAR M. PONCE.

A PARIS,

Chez Louis COLAS, Imprimeur-Libraire, rue du Petit-Lion-Saint-Sulpice, en face de la rue Garencière;

DELAUNAY, Palais-Royal, galeries de bois ;

PÉLICIER, première cour du Palais-Royal.

MAI 1815.

AVERTISSEMENT.

Ces réflexions étaient près de paraître, lorsqu'il est survenu un nouvel ordre de choses. Cependant, comme la question que nous avons essayé de traiter reste encore dans son entier, malgré les circonstances, nous avons pensé que rien ne pouvait s'opposer à leur publication, d'autant mieux que nous nous sommes appliqués à ne choquer l'opinion de personne : *justice et impartialité,* c'est notre devise.

Au reste, nous donnons notre ouvrage tel que nous l'avons composé il y a deux mois, sans nous y permettre le moindre changement.

CONSIDÉRATIONS POLITIQUES

SUR LES

OPÉRATIONS DU CONGRÈS

DE VIENNE,

ET SUR LA PAIX DE L'EUROPE.

De la situation de la France en 1814.

Dans les derniers jours de mars, les ennemis de Napoléon inondaient la France ; ils étaient dans le cœur du royaume ; toute l'Europe était dans la capitale. Au commencement d'avril, Louis XVIII est proclamé roi; en un instant tout est changé. Le moment est enfin arrivé, se disaient ceux qui avaient été séduits par les proclamations des puissances alliées, où le système politique de l'Europe va prendre une nouvelle direction. Aujourd'hui la France est l'alliée de tous les peuples : les puissances coalisées n'étaient point ennemies des Français, elles l'étaient seulement de Napoléon ; elles n'ont cessé de le dire. Elles n'ont pas pris les armes pour des motifs d'ambition, elles n'ont cessé de le dire. Elles s'étaient réunies pour se délivrer d'un ennemi redoutable, pour délivrer les Français eux-mêmes, elles n'ont cessé de le dire. Celui qu'ils avaient tant lieu de craindre est anéanti ; l'ambition des princes coalisés, leur haine, sont aussi anéanties. Les intérêts des Français, ceux des autres peuples, sont devenus les mêmes ; ils rentrent dans la grande famille. L'harmonie générale va renaître ; on va rendre à chacun ce qui lui appartient : on ne verra plus des princes ambitieux usurper les états de leurs voisins, échanger les peuples comme on échange des troupeaux. L'instant est enfin arrivé où l'édifice politique de l'Europe va se rasseoir sur des bases justes, sages et durables. C'est à l'époque où diverses chartes constitutionnelles s'organisent dans tous les états pour assurer le bonheur des peuples, fixer leurs droits et leurs devoirs, ainsi que ceux des rois, qu'une charte européenne va fixer aussi les rapports politiques de tous les souverains entr'eux, ainsi que les bornes de leurs puissances combinées avec l'intérêt gé-

néral, de manière à faire le bonheur des nations, et rendre à l'Europe une tranquillité
permanente. Voyons maintenant comme
ces belles espérances se sont réalisées.

Observations sur le traité de Paris.

La France s'était agrandie outre mesure;
ses acquisitions toujours croissantes étaient
effrayantes pour toute l'Europe. L'équilibre
politique de cette partie du monde était rom-
pu, il est vrai; il s'agissait donc de le rétablir; mais de quel point partir? Celui qui au
premier coup d'œil paraissait le plus juste,
était peut-être celui où la monarchie avait
été suspendue en France; c'est-à-dire de 1792.
Peut-être même, pour plus de justice, eût-
on dû remonter à une époque antérieure;
par exemple, celle du premier partage de la
Pologne, qui, ainsi que les deux suivans, a
tant augmenté la puissance de la Russie, de
l'Autriche et de la Prusse, qu'à peiné la réunion à la France de la Belgique et des provinces allemandes de la rive gauche du Rhin
avait pu la balancer. Si depuis la paix d'U-
trecht, la Lorraine a été réunie à la France,
la Toscane avait amplement dédommagé

l'Autriche, et le transport de la maison de Lorraine en Italie n'avait rien d'immoral, puisque le souverain de cette province était mort sans héritier. Nous ne parlerons pas ici de l'acquisition de la Corse; la perte que nous avions éprouvée par la cession du Canada à l'Angleterre, l'avait pleinement compensée. En partant de 1792, il n'y avait que deux manières équitables de procéder : celle de rétablir toutes les puissances, petites et grandes, dans leurs possessions respectives ; ou bien, si ce moyen présentait des difficultés, surtout parce qu'une multitude de souverainetés ecclésiastiques se trouvaient sans propriétaires à cause de leur sécularisation, il fallait en faire le partage entre toutes les puissances, chacune suivant la justice et la convenance.

La France, dira-t-on, qui a le plus contribué à la désorganisation de l'ancien système politique, qui a envahi un immense territoire, s'étant trouvée envahie elle-même à l'époque de ce partage, devra-t-elle y entrer ?

Avant de juger la question, définissons d'abord ce que c'est qu'une puissance envahie. C'est, dira-t-on sans doute, une puis-

sance dont on a conquis toutes les places fortes, et avec le souverain de laquelle on est
en guerre; enfin une puissance dans la capitale de laquelle les armées ennemies sont établies. Voyons maintenant quel rapport a
cette situation avec celle de la France en
avril 1814, c'est-à-dire avant qu'on s'occu-
pât du traité de Paris. Où étaient les ennemis à cette époque? Les Russes, les Allemands, à la vérité, étaient dans la capitale
avec leurs divers souverains; mais, alors, ils
y étaient comme de bons amis, de bons
voisins, qui venaient nous ramener l'un de
nos anciens princes, leur allié, qu'ils avaient
le plus grand intérêt à replacer sur le trône,
et que nous avons accepté. Voit-on, dans
cette situation de choses alors toute frater-
nelle, quelques vues hostiles? Ne serait-ce
pas même faire injure à la délicatesse de ces
souverains que de supposer qu'ils ont eu l'in-
tention de nous faire payer les frais de leur
voyage?

Quant à la possession des places fortes, qui
constitue plus particulièrement la conquête,
en avaient-ils une seule en leur pouvoir?
N'avions-nous pas au contraire toutes celles
de l'Allemagne, de la Pologne, de la Hol-

lande, de la Belgique et de l'Italie, en tout plus de cinquante places? N'en avons-nous pas fait spontanément un généreux abandon, pour prouver à ces amis, à ces voisins, notre confiance et notre sécurité? Ne l'avons-nous pas fait, même avant de savoir quelle serait leur conduite à notre égard, dans le traité d'amitié que nous allions conclure ensemble? Ces places, dira-t-on, étaient près de se rendre faute de vivres. Si un petit nombre étaient dans ce cas-là, on ne peut disconvenir que, dès l'instant de l'intronisation des Bourbons, on n'était plus en état de guerre; qu'alors les souverains alliés ne pouvaient, sans blesser le droit des gens, ainsi que toutes les convenances sociales, interdir l'introduction des vivres dans toutes les places qui en pouvaient manquer. Cela posé, était-il généreux d'abuser de notre confiance, de notre loyauté, et de reporter nos limites où elles étaient il y a vingt-cinq ans, tandis que la presque totalité des conquêtes que nous avions faites depuis cette époque avaient été reconnues et sanctionnées par cinq ou six traités, conclus à diverses reprises avec toutes les puissances de l'Europe, et notamment avec l'Angleterre par celui d'Amiens?

Il résulte donc de toutes ces considérations que le point de départ pour le traité de Paris, le plus juste, eût été celui conclu à Vienne en dernier lieu. D'après ce traité, nous pouvions encore faire d'immenses restitutions, et conserver les limites que la nature elle-même semble s'être plue à nous tracer. Agir autrement, c'était traiter le frère, l'ami, beaucoup plus défavorablement qu'on n'aurait traité l'ennemi. En nous resserrant dans les limites du Rhin, nous étions encore loin d'atteindre au degré de puissance auquel certains grands états sont parvenus, par les acquisitions qu'ils ont faites depuis 1792, ou celles qu'ils se sont attribuées par les arrangemens conclus au congrès de Vienne. La Pologne seule, en remontant de quelques années, a donné à partager une population de douze millions d'hommes entre les trois puissances co-partageantes. La Russie, par ce partage, a acquis une étendue de territoire considérable, auquel il faut joindre ce qu'elle a arraché à la Prusse, son alliée, par le traité de Tilsitt; de l'Autriche, par celui de Vienne; de la Suède, par l'acquisition du reste de la Finlande, qui en est la plus riche partie; et enfin par

la cession de la Crimée et des autres possessions des rives de la mer Noire qu'elle a en-
vahies, et conservées par les derniers traités avec le Turc. L'Autriche va joindre à la
partie de la Pologne qui lui reste, les états
de Venise, possession qui, relativement aux
côtes de la Dalmatie surtout, la rend puissance maritime, et lui donne le précieux
avantage de la contiguité entre tous ses états.
Cet accroissement de puissance ne lui coûte
que la Belgique, province qui la mettait en
contact avec la France, et qui, par son éloignement de la métropole, lui était plus à
charge que profitable. La Prusse vient aussi
d'obtenir dans la nouvelle répartition des
dépouilles de la France et autres, une in-
demnité considérable en Allemagne; il en
est de même de l'Angleterre relativement
aux états d'Hanovre, et nous pourrions
dire aussi relativement à la Hollande.

D'après toutes ces considérations, il eût
été sans doute, non-seulement de la justice,
mais encore de la sagesse et de la politique
de toutes les puissances de l'Europe, qui ont
déclaré que la France devait être grande et
forte, qui ont remis sur le trône leur ami,
leur allié, de ne pas faire payer aussi cher

le service qu'ils lui ont rendu , et de nous laisser le Rhin pour limite. Cette possession nous était acquise, surtout la Belgique, premièrement par le vœu des peuples, quoiqu'ils soient ordinairement les derniers qu'on consulte dans ces sortes d'affaires ; peut-être aujourd'hui cependant serait-il prudent de le faire ; secondement, parce que l'Autriche et les autres puissances qui pouvaient y avoir des droits , en ont été amplement dédommagées; troisièmement par plus de vingt ans de possession ; quatrièmement parce que cette propriété nous était reconnue et assurée, comme nous l'avons déjà observé , par cinq ou six traités consécutifs, contractés avec toutes les puissances de l'Europe ; cinquièmement, par les rapports géographiques; sixièmement, enfin, par l'analogie générale des mœurs, du culte, des usages, et des intérêts de commerce.

Le Rhin, cette borne naturelle qui naguère circonscrivait une partie de la France, tandis que l'Océan , la Méditerranée et deux chaînes de montagnes circonscrivaient le reste, pouvait seul donner à cette puissance, par la cession de sa rive gauche , une paix solide et durable pour toute l'Europe. On ne compose pas avec la nature ni avec les principes, on élude, on se fait illusion ; mais il en est des divisions des empires comme du cours des fleuves, rien ne peut en changer la marche. Il était écrit dans le livre des destinées que l'Écosse et l'Irlande seraient réunies à l'Angleterre ; la Normandie et la Bretagne à la France ; la Dalmatie à la Hongrie et à l'Autriche ; la Carélie, la Livonie, l'Estonie et la Finlande à la Russie; la Norwège à la Suède. Ceux qui savent lire dans ses décrets y voient que le Portugal sera un jour réuni à l'Espagne, comme il l'a déjà été ; et, enfin, que la Belgique et les pays situés entre le Rhin et la Meuse, ne tarderont pas à l'être à la France irrévocablement ; vouloir y mettre obstacle, c'est vouloir arrêter le reflux de la mer, c'est vouloir perpétuer des germes de guerres, qu'il eût été prudent d'étouffer. Les procédés justes, nobles et généreux en politique, sont les seuls qui sont rarement perdus ; les mauvais procédés se rendent au centuple. La révolution d'Angleterre, sous Charles Ier., à laquelle Richelieu n'a pas laissé que de contribuer ; celle des États-Unis d'Amérique, nous ont valu en partie celle de 1789. L'invasion de l'Espagne, l'envahissement de l'Italie, celui d'une partie de l'Allemagne, nous ont amené la journée du 30 mars 1814.

Les conquêtes injustes, lorsqu'elles passent une certaine mesure, finissent toujours par devenir fatales à ceux qui les font. Athènes et Lacédémone se sont perdues autant par leur injustice envers leurs voisins que par leur ambition. Alexandre a détruit son empire en voulant trop l'étendre; il en a été de même de l'empire romain. Si nous consultons les annales modernes, nous y verrons que les successeurs de Charles-Quint n'ont pas conservé ses usurpations. Les conquêtes de Gustave-Adolphe, l'ambition de Charles XII, ont été fatales à la Suède. Celle de Louis XIV a mis la France à deux doigts de sa perte; la mort de l'archiduc et la disgrâce de Marlboroug seules l'ont sauvée.

Faut-il que tant d'exemples soient encore infructueux? faut-il que ceux qui sont appelés par le sort à gouverner les hommes, ne le soient pas toujours par la nature? faut-il que l'expérience de leurs prédécesseurs, celle même de leurs confrères, soient presque toujours perdues pour eux? c'eût été en faisant une paix basée sur la justice, dans laquelle toutes les grandes puissances auraient pu trouver leur compte, et les petites sécurité et protection, que la tranquillité eût pu se rétablir sur des bases durables. Cependant ne perdons pas courage; si nous ne pouvons espérer une paix solide des passions et de la justice des maîtres du monde, ou plutôt de ceux dans les mains desquels ils placent leur confiance et déposent leur tonnerre, nous l'espérerons de la pénurie de leurs finances, de la lassitude des peuples et du progrès des lumières. Quand on réfléchit à tous les maux qu'éprouvent ces mêmes peuples depuis vingt-cinq ans, on ne peut désirer moins d'un demi-siècle de repos. Ne portons pas plus loin aujourd'hui nos espérances, trop heureux encore si nos projets pouvaient se réaliser!

OBSERVATIONS

SUR LE CONGRÈS DE VIENNE ET SUR SES RÉSULTATS.

ENFIN la paix générale est près d'être conclue! Le congrès de Vienne est à peu près terminé. Cette paix est-elle basée sur la justice, et surtout sur la saine politique? c'est ce qui nous reste à examiner. L'Europe entière, débordée en France, est venue à bout, après de longs et pénibles efforts, d'éloigner momentanément du trône des Français un prince entreprenant, un génie audacieux, dont les hauts faits, les conquêtes rapides et brillantes, les avaient glacés d'effroi. Supposons cet éloignement irrévocable, l'Europe en sera-t-elle plus heureuse, plus tranquille? Il est à craindre qu'il n'en soit rien. Le vent de la tempête venait de l'ouest, dorénavant il viendra de l'est : voilà la différence.

La Russie, depuis quelques années, et surtout par le dernier congrès, a acquis un surcroît de territoire et de puissance, d'autant plus effrayant pour l'Europe, et surtout pour l'Autriche et la Turquie, que la nature ne lui oppose aucune barrière du côté de l'Allemagne, et que, si, du côté du Midi, le Danube peut lui en servir, l'empire qui défend ce faible rempart est trop débile pour faire présumer une vigoureuse résistance. Le danger que court la liberté de l'Europe en ce moment, surtout celle de l'Allemagne, est plus pressant qu'il ne l'était réellement il y a quelques années. Les irruptions des peuples du Midi vers le Nord sont vigoureuses, mais ordinairement elles n'ont point de tenue, tandis que celles des peuples du Nord vers le Midi sont plus constantes. Un sol plus doux, des productions plus savoureuses, des mœurs plus aimables, sont des causes générales qui les ramènent toujours vers le Midi, surtout lorsqu'ils ont déjà connaissance de tous ces avantages et qu'ils en ont un avant-goût.

La Prusse, par l'acquisition d'une partie de la Saxe, devient presque de toutes parts limitrophe à la maison d'Autriche ; en sorte que cette puissance se trouve entièrement enveloppée, au nord et à l'est, par la Prusse et la Russie. Dans cette situation des choses, il est donc du plus grand intérêt

pour elle de contrarier de tous ses efforts
ceux que la Russie ne manquera pas de faire,
peut-être avant peu, pour s'emparer de
l'entrée de la mer Noire. L'étendue considérable des côtes que possède cette dernière
puissance sur cette mer, dont à peine elle
connaissait l'existence au commencement
du siècle dernier ; les tentatives réitérées
qu'elle a faites pour établir et agrandir son
commerce dans ces parages ; la possession
de la Crimée ; ses projets connus, ne doi-
vent laisser aucun doute qu'aujourd'hui tous
ses efforts ne se portent vers l'entrée du Bosphore. Cette précieuse conquête la mettrait
à portée de s'emparer exclusivement du
commerce du Levant, et d'une grande partie de celui de la Méditerranée. Il est donc
de l'intérêt, non-seulement de l'Autriche,
mais encore de l'Angleterre, de la France,
ainsi que de l'Espagne et des puissances
d'Italie, de secourir le Turc au besoin, et
d'empêcher les Russes de franchir le Danube.

Le même intérêt qui porte les puissances
du Midi à se réunir pour surveiller les démarches de la Russie vers le Bosphore, doit
engager celles du Nord à la même surveil-

lance relativement à la Baltique. A mesure que cette puissance étend ses possessions sur les rives de cette mer, son ambition naturelle doit la porter à en posséder l'entrée. L'île de Séelande devient pour elle un objet de convoitise; c'est donc à l'Angleterre surtout, dont la puissance navale est formidable, à veiller à la conservation de cette île et à protéger le Danemarck contre toute espèce d'invasion. Je ne parle pas de la Suède; aujourd'hui qu'elle possède la Norwège, l'objet de son éternelle ambition, il est de sa politique de rester constamment unie au Danemarck : la ruine d'un de ces deux états entraînerait infailliblement celle l'autre.

Il eût été convenable et juste qu'après avoir dépouillé, sans motif, le Danemarck de la Norwège, on l'eût indemnisé convenablement, puisque cette puissance est gardienne de l'entrée de la Baltique, et que la liberté de cette mer intéresse tous les peuples commerçans. Il eût été à désirer que le gardien de cette précieuse porte fût assez puissant, non pour la fermer, mais pour empêcher qu'un autre ne vînt à s'en emparer. Il eût fallu alors, qu'au lieu de la chétive province de Lawembourg , et de quelques minces accessoires qu'on se propose d'y joindre , on lui donnât une étendue de territoire sur la rive gauche de l'Elbe , équivalente à la Norwège , afin qu'elle fut en état, si les circonstances l'exigeaient , d'avoir quarante mille hommes prêts à défendre Copenhague.

Le traité , ou les traités conclus à Vienne sont , il faut le dire , une nouvelle révolution politique de l'Europe. Jamais , dans aucun traité , le droit du plus fort ne s'est développé avec plus d'iniquité. L'anéantissement de la Pologne y a été consommé. Le Danemarck, dont la sagesse en politique, pouvait servir de modèle aux autres puissances , forcé , à cause de la faiblesse de ses moyens, de prendre part à une guerre qui répugnait à cette même sagesse , perd les deux cinquièmes de ses possessions : on amalgame les Norwégiens avec les Suédois, deux peuples qui ne sont pas en harmonie. On donne , on ne sait pourquoi, la république de Gênes au souverain du Piémont , qui n'a presque rien perdu dans la mêlée. Les Génois et les Piémontais se détestent. La Hollande, qui eût été fort contente de rester libre, et ce qu'elle était il y a trente ans, est obligée de s'unir à la Belgique, et de passer sous un joug étranger. On réunit ainsi, malgré eux, deux peuples, qui diffèrent de mœurs, de cultes, d'habitudes, et dont les intérêts de commerce sont diamétralement opposés. Mais l'Angleterre sait bien ce qu'elle fait par cette réunion ; on connaît son arrière-pensée, et quoique, dans le traité de Paris, il soit stipulé que les états du prince d'Orange et ceux du roi d'Angleterre ne pourront jamais être réunis sur une même tête, le ministère anglais sait bien ce que valent ces sortes de renonciations ; surtout quand on peut soudoyer de grands princes. La spoliation de la Saxe est-elle plus juste ? qui pourrait ne pas être touché du sort de ce prince aussi estimable qu'il est infortuné ?

Si l'Angleterre eût été sage, si son gouvernement eût voulu profiter des exemples que l'ambition des princes nous a donnés si souvent, elle eût été plus modeste dans ses prétentions. Lorsqu'une puissance veut étendre sa domination dans tant de contrées diverses, et si éloignées les unes des autres, elle est faible partout, surtout si sa popula-

tion n'est pas proportionnée avec ses possessions lointaines : alors il ne lui faut qu'un
grand échec pour hâter sa ruine. La trop
grande étendue des colonies de Lacédémone
et d'Athènes a perdu ces deux républiques; Carthage, pour les mêmes causes,
s'est vue subjuguer par les Romains. Que
sera-ce donc de l'Angleterre qui veut réunir
à d'immenses colonies de vastes contrées
dans le continent ? Qu'elle se rappelle la
fable des membres et de l'estomac ; qu'elle
se rappelle les siècles de guerres et de dis-
cordes, les torrens de sang que toute l'Europe a répandus lorsqu'elle possédait la
Guyenne et la Normandie : possessions dont
elle a enfin été chassée, parce que cela devait être ainsi !

Pendant les vingt ans de guerres qui ont
désolé l'Europe, l'Angleterre a perdu plus
qu'on ne pense relativement au commerce
et à l'industrie. Isolée de presque tous les
peuples pendant cet espace de temps, la
nécessité a forcé ces mêmes peuples à pour-
voir au besoin de leur luxe, besoin super-
flu, devenu de nos jours objet de première
nécessité. Des manufactures de tout genre
se sont établies chez tous les peuples. Déjà

en France, en Allemagne, en Italie, les partisans du luxe le plus effréné peuvent se passer des manufactures d'outre-mer. La dette énorme dont l'Angleterre est grevée, dont les intérêts ont porté les impôts à un taux excessif, y renchérit considérablement les denrées, par conséquent aussi la main-d'œuvre, les matières premières, et lui laisse peu d'espoir dans la concurrence avec les autres peuples. Ces différentes circonstances diminuent considérablement ses ressources. Cette puissance, dans l'état de prospérité factice où elle est parvenue, n'a pas celle de beaucoup d'autres états, la banqueroute. Que l'Angleterre cesse ses paiemens, ou veuille faire perdre seulement dix pour cent à ses créanciers, son crédit tombe et avec lui tout l'échafaudage de sa puissance gigantesque; elle redevient puissance du second ordre.

Si l'Angleterre, surchargée de possessions lointaines dans les quatre parties du monde; en Europe, dans le cœur de l'Allemagne et sur les rives de l'Elbe, sur les côtes de France, sur celles d'Espagne, et d'Italie; en Afrique, sur différens points; en Asie, sur un continent immense; en Amérique,

au midi, au nord et au centre ; si l'Angleterre, dis-je, qui, avec vingt-cinq mille
hommes environ, est venue à bout de mettre
sous le joug trente millions d'hommes dans
le Bengale, venait à éprouver une insur-
rection de leur part, comment y ferait-elle
face? Quelle source d'épuisement d'hommes
et d'argent! Comment pourrait-elle se ré-
soudre à abandonner la possession d'une
contrée devenue pour elle un Pactole? Que
d'efforts et de sacrifices il lui faudrait faire
pour se maintenir dans ce beau pays? Ces
efforts finiraient sans doute par épuiser et
ses ressources et sa population. Pourrait-
elle aujourd'hui, comme dans la guerre
d'Amérique, faire marcher les Allemands
vers ces lointaines contrées? nous ne le pensons pas. D'ailleurs ne serait-ce pas là l'instant où les républiques du nord et du sud
de l'Amérique chercheraient à s'établir dans
ses colonies du golfe de Mexique, et où les
nègres de ces colonies, à qui elle en a donné l'exemple, s'empresseraient de recon-
quérir leur liberté?

Que de dangers court aujourd'hui l'Angleterre, si elle ne se désiste pas de son système de tyrannie maritime, de ce machia-

vélisme qui la rend réellement l'ennemie de tous les peuples commerçans! La nation anglaise, qui affecte de la générosité, de la philosophie, et qui véritablement a manifesté des sentimens libéraux et philantropiques toutes les fois que ses intérêts commerciaux ne se trouvaient pas mêlés dans les discussions polilitiques, ce qui est très-rare, devrait bien songer à s'amender sous ce rapport. Cette puissance, chez laquelle de tout temps l'esclavage des nègres a été le plus dur, a calculé que ses colonies étant aujourd'hui suffisamment pourvues d'esclaves, il était de son intérêt, pour rendre en quelque sorte nulle une partie de celles des autres puissances, de faire cesser la traite. Mais, par ce règlement, elle s'est ouvert encore un nouveau moyen de faire tourner cette prohibition à son profit, en s'emparant des navires des nations qui par nécessité cherchent à l'éluder; mais, au lieu de reporter les nègres vers les contrées qui les ont vus naître, elle les confisque à son usage, soit militaire, soit agricole.

L'Angleterre se trouve dans une position géographique plus avantageuse qu'aucune autre puissance du monde, surtout depuis qu'elle a réuni l'Écosse et l'Irlande sous sa domination. Isolée du reste de l'Europe, entourée par l'Océan, sillonnée par des fleuves et des canaux qui font circuler dans son intérieur la fertilité et l'abondance ; si elle n'avait que l'étendue de colonies proportionnée à sa population, que sa conduite avec ses voisins fût modérée et juste, aucun peuple de l'Europe ne pourrait jouir d'une égale félicité. Ne portant ombrage à personne, étrangère aux divisions politiques des autres nations, son état de défense ne consistant guère que dans sa marine, naturellement puissante, alors ses impôts seraient extrêmement légers, on pourrait vivre en Angleterre à beaucoup meilleur marché que dans aucun pays de l'Europe. Ce serait un grand avantage pour la nation anglaise si son roi n'avait point de possession en Allemagne, et si l'état d'Hanovre devenait l'apanage d'un de ses fils. Indépendamment de ce qu'elle ne serait point compromise dans les querelles du continent, cet abandon serait un des plus sûrs garans de sa liberté, puisqu'alors le roi perdrait un de ses plus grands moyens de corruption en perdant les revenus qu'il tire de ses états d'Allemagne, et un grand moyen de despotisme, n'ayant plus que des troupes nationales à sa disposition. Mais malheureusement il n'y a qu'une révolution qui puisse amener dans cette contrée cet état de tranquillité et de bonheur.

Le système politique de l'empereur d'Autriche, dans l'état actuel des choses, soit qu'il reste ce qu'il est actuellement, ou qu'il obtienne le titre de chef de la confédération de l'Allemagne, est d'être modéré et pacifique, et de se rapprocher de la France, seule puissance qui puisse le garantir des entreprises de la Russie et de la Prusse réunies, entreprises que l'harmonie qui règne entre ces deux états pourrait lui faire craindre. L'œil toujours ouvert sur les démarches de la Russie, l'Autriche doit s'opposer, quelqu'avantage que cette puissance puisse lui offrir, à ce qu'elle franchisse le Danube; l'intérêt de la France, sous ce rapport, ainsi que celui de l'Angleterre, sont les mêmes. La précieuse possession de la Dalmatie, celle des îles de cette côte et des états de Venise, placent les états de François II au rang des puissances maritimes, et assurent à l'Autriche et à la Hongrie un débouché qui va augmenter beaucoup la valeur des productions de ces contrées, raison de plus pour en éloigner la Russie. Ces possessions, jointes à celles du Milanais, la rendent prépondérante sur les affaires d'Italie.

Quant à la possession du Brisgaw ; à laquelle l'Autriche paraît encore tenir, cette prétention semble se rapporter à de petites vues, qui, d'aucune manière et dans aucun temps, ne peuvent lui procurer le moindre avantage. Il est du plus grand intérêt pour la Bavière ainsi que pour le roi de Wurtemberg et le grand-duc de Bade, de s'opposer à cette prétention, qui les exposerait continuellement au passage des troupes autrichiennes, aux surprises et aux divers inconvéniens que cet état de choses pourrait faire naître. La confiscation d'une grande partie de la Saxe, injustice qui tient à la volonté bien prononcée de la Russie d'englober par suite toute la Pologne, a produit le plus mauvais effet dans toute l'Allemagne et même dans toute l'Europe. Si le congrès eût rendu à la Prusse la partie de la Pologne, qui primitivement avait été donnée à la Saxe, comme il eût été juste de le faire, le roi de Prusse n'eût pas envahi la Saxe, et n'eût pas été obligé de venir chercher ses indem-

nités jusque sur la rive gauche du Rhin ,
possessions précaires et qui ne donnent aucune liaison aux diverses provinces qui com-
posent ce royaume ; la pauvre Saxe, ouverte
de tous côtés, ravagée et pillée régulière-
ment quatre ou cinq fois par siècle , se
trouve aujourd'hui plus que jamais, qu'elle
est privée des forteresses de Vittenberg et
de Torgau, exposée à devenir le champ de
bataille sur lequel les puissances belligé-
rantes viendront s'escrimer. Les états du roi
de Prusse , beaucoup moins arrondis qu'ils
ne l'étaient précédemment , présentent un
énorme front sans profondeur, qui les met
en contact avec presque toutes les puissances de l'Europe; ces mêmes états se trou-
vent encore séparés par les possessions de la
maison de Brunswick, ce qui détruit entièrement leur ensemble. La Prusse , il faut
en convenir, quoiqu'indemnisée relativement à la population , même sous le rapport financier, ne l'est pas sous le rapport
politique. Plusieurs autres souverains spo-
liés, d'autres expatriés et obligés d'aller
chercher de nouveaux sujets à cent lieues de
ceux au milieu desquels ils ont pris nais-
sance; des peuples changés de maîtres ,

comme de vils troupeaux ; et après avoir été tondus par tout le monde ; voilà le résultat des lumières et de la philosophie du dix-neuvième siècle ; voilà la suite de l'ambition démesurée d'une puissance qui, depuis un siècle, a augmenté le nombre de ses esclaves de plus de quinze millions d'hommes. Quoique ce nombre ne présente guère que la moitié de son ancienne population, la position géographique de ces nouveaux états, leur climat, leur fertilité, leur richesse, leur concentration, double les forces de cette puissance, que la grande dissémination des habitans de son ancien territoire rendait faible en raison de leur nombre et de son immense étendue.

Les circonstances dans lesquelles se trouve aujourd'hui l'Espagne, circonstances qui ont accéléré la perte de ses colonies, perte que l'ineptie de son gouvernement aggrave sans cesse, rendent l'Espagne, pour le moment, nulle dans le système politique de l'Europe. Les fautes que ce gouvernement multiplie tous les jours, tandis qu'il devait profiter de l'élan généreux d'une nation qui avait déployé un grand caractère, s'était montrée courageuse et sublime, contribueront encore long-temps à l'entretenir dans cette nullité, si elle n'en sort par une explosion. Sa position géographique contribue elle-même à la rendre en quelque sorte étrangère aux événemens qui pourraient agiter les autres états de l'Europe. Il en est à peu près de même du Portugal, qui vraisemblablement continuera encore long-temps à être exploité par l'Angleterre.

La France vient d'éprouver un grand échec sans doute. Ses frontières qui s'étaient étendues outre mesure, viennent d'être circonscrites dans leurs anciennes limites; celles que la nature lui avait tracées, et dont elle était depuis vingt ans en possession, viennent de lui être enlevées. Sera-ce sans retour? nous ne le pensons pas les décrets de la nature sont imprescriptibles. Une possession, reconnue et sanctionnée plusieurs fois par toute les puissances de l'Europe, désirée même par les habitans, dont les premiers propriétaires ont été amplement dédommagés, doit immanquablement retourner à celui à qui elle appartient de droit. Cette restitution doit avoir lieu, surtout lorsque cette reprise de possession, loin de détruire l'équilibre de l'Europe, ne frea que le raffermir.

La France doit-elle se presser de rentrer dans cette précieuse propriété que la justice lui fait un devoir de revendiquer? nous ne le pensons pas. Ces possessions, divisées en deux parties distinctes, celle d'entre la mer et la Meuse, et celle d'entre la Meuse et le Rhin, sont soumises à deux principales puissances. L'harmonie ne règnera peut-être pas toujours entr'elles, différentes circonstances peuvent naître d'un moment à l'autre. Ne nous pressons pas de troubler la paix de l'Europe, elle le sera malheureusement assez tôt; mais faisons en sorte qu'on ne puisse pas nous le reprocher. Il nous faut quelques années de paix et de tranquillité pour nous refaire de nos pertes, ainsi que de notre épuisement, et pour réparer le matériel de nos armées. Que la politique travaille, il est possible souvent d'obtenir plus par les négociations que par la voie des armes.

Il peut naître d'un instant à l'autre des chances qui nous soient tellement favorables, que le gouvernement serait blâmé de n'en pas profiter ; cette fois, au moins, ce que la politique nous commandera, la justice d'accord avec elle nous le permettra. Si après

le 30 mars 1814, les puissances coalisées, en
arrachant à la France toutes ses conquêtes,
eussent rendu à chacun des princes dé-
pouillés, ainsi qu'à chaque république dé-
truite, à chacun leur état, l'équilibre de
l'Europe eût été rétabli, la justice eût été
rendue, les torts réparés. Mais, au contraire, on a aggravé ces mêmes torts, mul-
tiplié les injustices, augmenté le désordre
et la désorganisation. La Russie, surtout,
s'est agrandie outre mesure. Pour rétablir
l'équilibre de l'Europe, il faut à l'ouest un
état prépondérant qui puisse balancer sa
puissance, sans quoi l'Allemagne ne tarde-
rait pas à être envahie. Cet état ne peut être
que la France. L'Autriche, quoique puissante aussi, n'est pas située de manière
à remplir ce rôle important; enveloppée
par la Russie et par la Prusse devenue,
en quelque sorte, une annexe de cette
dernière puissance, ouverte de plusieurs
côtés, dépourvue d'un assez grand nombre de places fortes, son rôle est de maintenir l'équilibre entre les deux grands
empires de l'est et de l'ouest. L'Autriche
doit être aujourd'hui le centre du corps politique de l'Europe : l'existence de la Suisse,

son indépendance, lui est aussi nécessaire qu'à la France ; cette république couvrant dans une assez grande étendue les frontières de ces deux empires.

Quel que soit le sort qui nous est réservé, espérons pouvoir jouir quelque temps des bienfaits de la paix, et que tous les souverains de l'Europe, assez sages, assez éclairés pour en apprécier les avantages, ne s'empresseront pas de la troubler.

P. S. Un événement qui tient du prodige, qui n'a pas d'exemple dans l'histoire, et auquel les puissances coalisés n'avaient pas lieu de s'attendre, est venu déconcerter leurs projets. Leur mauvaise foi envers un prince du midi, qui, dans un instant d'erreur, avait puissamment contribué à leurs derniers succès, conduite qui doit leur aliéner une puissance du Nord qui les avait aussi merveilleusement secondés, vient ajouter à leur embarras. Leur manière d'agir envers les souverains du second et du troisième ordre, avec lesquels les quatre grandes puissances ont fait le partage du lion, doit leur laisser peu d'espoir dans le concours de ces puissances à la nouvelle lutte qu'ils sem-

blent encore vouloir engager. L'élan una-
nime avec laquelle les Français se pronon-
cent pour soutenir leur indépendance, les
forcera vraisemblablement à renoncer à leur
projet. D'ailleurs, dès qu'on ne leur con-
teste rien de leurs usurpations, se hasarde-
ront-ils à en compromettre les fruits? Le
peuple anglais sera-t-il d'avis d'aggraver ses
maux, d'augmenter le poids énorme de sa
dette, pour alimenter l'ambition et la vani-
té des autres puissances? l'Autriche sera-
t-elle encore long-temps sourde au cri de la
nature et à ses intérêts? la Russie s'exposera-
t-elle à compromettre ses acquisitions en Pologne, pour satisfaire une vaine gloire, sans
avantage réel et sans vues politiques? La
Prusse entreprendra-t-elle seule une guerre
avec le vainqueur de Jéna? Enfin la crainte
de voir passer une partie de leurs phalanges
qui ont combattu sous les ordres de Napoléon, dans les rangs de ce grand capi-
taine, ne retiendra-t-elle pas aussi l'ardeur
guerrière de tous ces potentats?

FIN.

IMPRIMERIE DE FAIN, PLACE DE L'ODÉON.

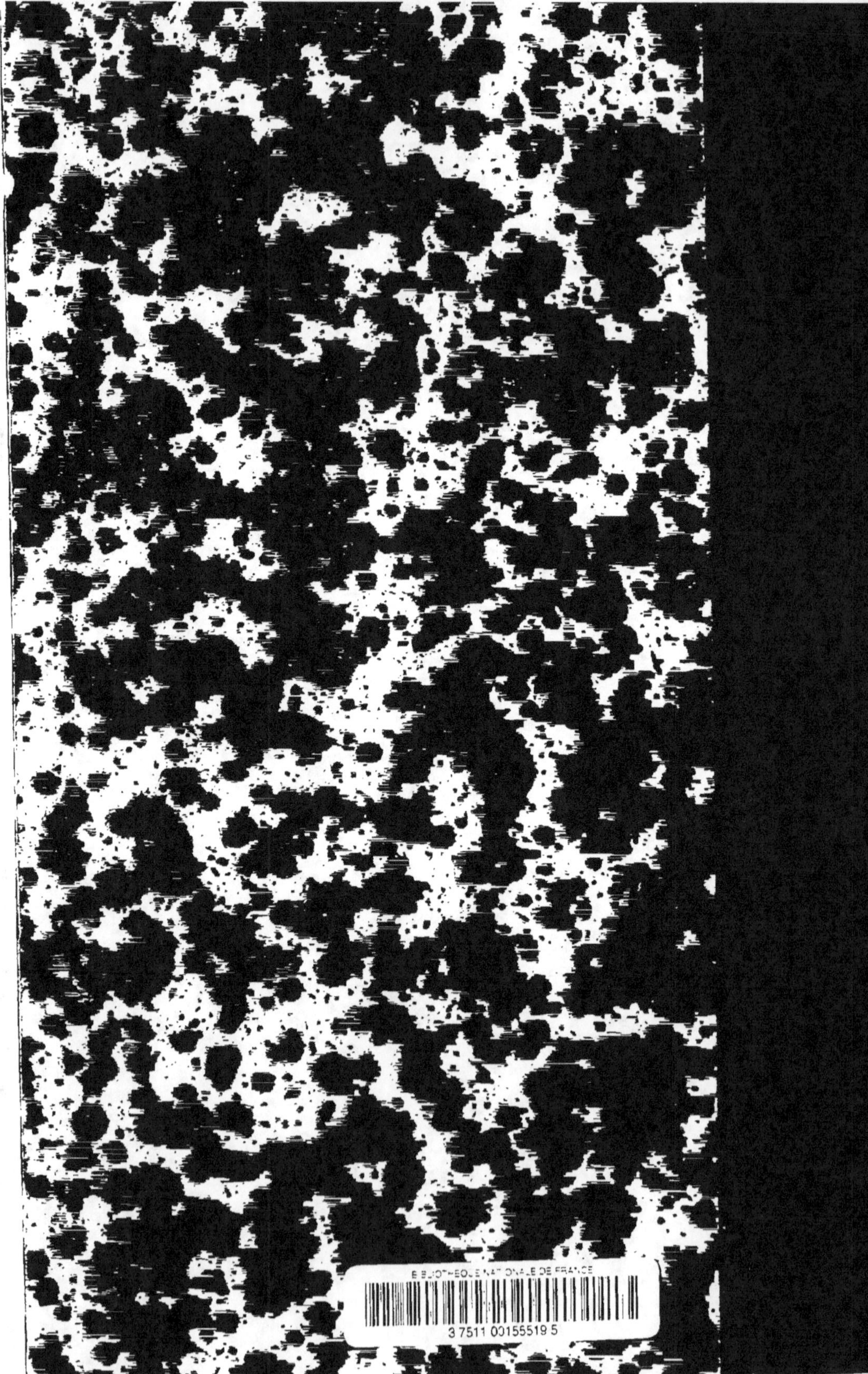

www.ingramcontent.com/pod-product-compliance
Lightning Source LLC
LaVergne TN
LVHW010334030726
842520LV00004B/1461